HAMBURG-VEDDEL

SUTTON
VERLAG

Ein Umzug von der Tunnelstraße über die Veddeler Brückenstraße im Rahmen des Sport- und Werbefestes im Mai 1929.

Dieter Thal

Die Reihe Archivbilder

HAMBURG-VEDDEL

SUTTON
VERLAG

Der kleine Gehrd Fahl mit einer Freundin vor seinem Elternhaus in der Tunnelstraße.

Sutton Verlag GmbH
Hochheimer Straße 59
99094 Erfurt
www.suttonverlag.de

ISBN: 978-3-95400-111-8
Druck: Beltz Bad Langensalza GmbH

INHALTSVERZEICHNIS

BILDNACHWEIS

Irmgard Behn (Thal): S. 77o., 113o., 114u., 115o., 116o., 117o.;
Familie Fahl: S. 38o., 72u., 83u., 84, 85o., 86o., 87o., 88, 89o., 94u., 106o., 109u., 110o.;
Helmuth Gericke: S. 34u., 35o., 119, 120o., 121, 122o., 125;
Walfriede Kaphingst: S. 82u., 83o., 90u., 111o.;
Ruth Kind (Gryzewski): S. 104o.;
Christa Killig: S. 48u., 49o.;
Horst Papenhagen: S. 69;
Maren Prigge: S. 75o., 107o.;
Adolf Rehders: S. 75u.;
Ilse Runge: S. 96o., 98o.;
Angelika Schoop: S. 76u., 80o., 81u., 85u., 104u.;
Familie Trede: S. 122u., 127u.;
Gisela Wendt: S. 106u., 113u., 114o. und Vorderseite Einband;
Regina Winkler: S. 73u.;
Werner Wriedt: S. 117u.;
Alfred Zewuhn: S. 103o.
Alle anderen Fotos stammen aus dem Archiv Thal („Erzählcafé Veddel").

DANKSAGUNG

Ohne die Mithilfe von den Mitgliedern des Veddeler Erzählcafés wäre die Erstellung dieses Buches nicht möglich gewesen. Über Jahre versorgten sie mich mit Fotos, Unterlagen und ihren persönlichen Erinnerungen über die Geschichte der Veddel. Dafür bedanke ich mich recht herzlich.

Ein besonderer Dank geht an die Familie Fahl, die mich zusätzlich bei der Zuordnung der einzelnen Bilder fachkundig beraten hat und mir ihr Wissen über die alte Veddel zur Verfügung stellte. Zuletzt geht ein ganz großes Dankeschön an meine Kinder, die mir mit ihrer Firma die Speicherung und die technische Umsetzung der vielen Informationen ermöglicht haben, und an meine Lebensgefährtin Ruth Kind, die mir den Rücken für diese Arbeit frei hielt.

EINLEITUNG

Dieses Buch wurde erstellt um zu verdeutlichen, was aus der guten alten Veddel geworden ist. Diesen einst idyllischen und zugleich lebendigen Stadtteil bezeichne ich heute als den vergessenen Stadtteil.

Bis zur Mitte des 19. Jahrhunderts war die Veddel ein wenig besiedeltes Gebiet. Mit der Erweiterung des Hamburger Hafens und dem damit verbundenen Abriss von Wohnsiedlungen in dem Erweiterungsgebiet begann die Suche nach neuen Baugrundstücken. Diese Grundstücke sollten in der Nähe der neu erschaffenen Arbeitsplätze im Hafen liegen. Der Ausbau der Eisenbahnlinie von Süden her nach Hamburg und der damit verbundene Bau der Elbbrücke ließen die Wahl auf die Elbinsel Veddel fallen. In kürzester Zeit wurde 1879 die Slomansiedlung mit ihren 193 Einzelhäusern erbaut und im Anschluss die mehrstöckigen Wohnhäuser im Nordteil der Veddel, direkt an den Elbbrücken. Den Abschluss dieser Bebauung bildete die zwischen 1901 und 1907 erbaute Auswandererstadt am Südrand der Veddel sowie der 1920 errichtete Häuserblock an der Harburger Chaussee. Um die Jahrhundertwende wohnten bereits über 7.000 Menschen auf der Veddel.

Es war die Blütezeit der Veddel: Sportvereine wurden gegründet, ein eigener Bahnhof eingeweiht, die Straßenbahn fuhr über die Veddel, Barkassen und Elbfähren steuerten die Veddel an, diverse Geschäfte versorgten die Menschen mit allen Dingen, die man zum Leben brauchte, Kirchen wurden ebenso eingeweiht wie eine Synagoge und es gab über 40 Gaststätten und Vergnügungsbetriebe. Die große Gemeinde der Binnenschiffer und die Hafenarbeiter sorgten dafür, dass diese Läden alle gut leben konnten. Auch der Schulbetrieb mit seinen beiden Schulen konnte sich sehen lassen. Ohne Übertreibung kann man sagen, dass sich viele Einwohner durch die vorgenannten Einrichtungen untereinander kannten. Manche Leute verglichen die Situation gar mit einer großen Familie.

Ende der 1920er-Jahre stieg der Bedarf an Wohnraum. Also riss man die Einzelhäuser der Slomansiedlung ab und zog auf deren Grund und Boden die hübsch hässlichen „Schumacher -Bauten" hoch. Die Polizeikaserne, die Feuerwache und die Schule Slomanstieg folgten, ebenfalls Schumacher-Bauten. Ende der 1930er-Jahre wurden viele Häuser im Nordteil der Veddel abgerissen. Im Südteil der Veddel wurde 1938 mit dem Bau der Wilhelmsburger Reichsstraße begonnen. Hierfür verschwanden einige Hallen der Auswandererstadt. Das Empfangsgebäude, das Heizwerk, die Desinfektionsanlagen sowie die Synagoge wurden ebenfalls abgerissen.

Die Bombenangriffe im Zweiten Weltkrieg gaben der Veddel den Rest. Der Nordteil wurde fast vollständig zerbombt und nicht wieder aufgebaut. Die Schumacher-Bauten wurden ebenfalls beschädigt, aber zügig wieder aufgebaut. Zwischen die Ruinen setzte man ein paar Behelfsbauten. Solche Behelfsheime fand man in der Nachkriegszeit an allen Orten.

Der Abriss der Elbbrücke mit den imposanten Portalen war dann 1957 der Höhepunkt dieser Zerstörungswelle. Die meisten Behelfsheime auf der Veddel und der näheren Umgebung fielen schließlich der Flutkatastrophe von 1962 zum Opfer.

In den 1960er- und 1970er-Jahren begannen dann die nächsten negativen Veränderungen, von denen sich die Veddel bis heute nicht erholt hat. Die Sportvereine wanderten nach Wilhelmsburg ab, der Straßenbahnbetrieb wurde eingestellt, nach und nach machten die Läden dicht – selbst der viel besuchte Wochenmarkt stellte seinen Betrieb ein. Das Altenheim wurde geschlossen und die christliche Gemeinde schrumpfte immer mehr. Die Struktur der Bewohner veränderte sich drastisch. Heute wohnen dort fast nur noch ausländische Mitbürger der verschiedensten Kulturen. Wenn man heute von dem einzigen attraktiven Punkt der Veddel – dem Auswanderermuseum mit Ballinpark – in Richtung Norden durch den kleinen Stadtteil geht, wird man nur noch wenige Dinge entdecken, die in diesem Buch abgebildet sind. Die tristen Schumacher-Bauten aus den 1920er-Jahren prägen immer noch das Bild der Veddel, allerdings ohne die vielen kleinen Geschäfte mit ihren ansehnlichen Schaufenstern. Dieser schöne Anblick gehört wirklich der Vergangenheit an.

Nur zwei kleine Einrichtungen halten die Erinnerungen an die „gute alte Veddel“ wach: Die traditionsreiche Fischgaststätte „Matthes“, die es seit 1932 in der Tunnelstraße gibt, und das „Veddeler Erzählcafé“, das in regelmäßigen Abständen seine Besucher im Gemeindesaal der Immanuelkirche empfängt.

Nur ein kleiner türkischer Gemüsehändler, ein Laden mit Backwaren, eine Gaststätte, ein Supermarkt im Nordteil und einige kleine ausländische Teestuben sind von den ehemals über 40 Gaststätten und über 80 anderen Geschäften übrig geblieben.

Es ist eben der von Politikern und Stadtplanern vergessene Stadtteil.

Dieter Thal
Oktober 2012

1

AUFBAU, ABRISS UND ZERSTÖRUNG DER VEDDEL

Durch den Ausbau des Hafengebietes verschwanden einige Wohngebiete. Der Aufschwung und die Schaffung neuer Arbeitsplätze machten es notwendig, dass neuer Wohnraum in unmittelbarer Nachbarschaft des Hafens geschaffen wurde. Hier bot sich die wenig besiedelte Veddel an.

Die im Dezember 1872 für den Verkehr freigegebene Eisenbahn-Elbbrücke war die erste feste Verbindung zwischen dem Hamburger Stadtgebiet und den südlich der Elbe gelegenen Gebieten. Mit Fertigstellung der Brücke stand einer Besiedelung der Veddel – hauptsächlich mit Hafenarbeitern – nichts mehr im Wege.

1887 wurde die Straßenbrücke über die Norderelbe gebaut. Ihre imposanten Portale wurden zum Wahrzeichen von Hamburg. Bereits 1894 wurde die Veddel der 20. Stadtteil von Hamburg. Die Einwohnerzahl belief sich auf 3.929 Personen. Im Jahr 1910 zählte man bereits über 7.000 Einwohner.

Im Vordergrund sind die Häuser vom Veddeler Elbdeich zu sehen, ca. 1900. Dort siedelten sich Ende der 1880er-Jahre auch einige kleine Werftbetriebe an. Die großen Wohnhäuser der Tunnelstraße, Peutestraße, Sieldeich, Niedernfelder Straße usw. wurden ebenfalls in dieser Zeit gebaut.

Die 1879 errichtete Slomansiedlung wurde auch Kolonie der kleinen Häuser oder Gartensiedlung genannt. Die Häuser mit ihren Vor- und Hintergärten wurden für 3.500 MK an Arbeiterfamilien verkauft, die sie mittels einer monatlichen Miete abzahlten. Für damalige Verhältnisse war das eine respektable Summe. Schon die Kaution in Höhe von 300 MK konnten nur wenige Familien aufbringen.

In einigen zeitgenössischen Berichten wurden die vielen Obstbäume der Siedlung lobend erwähnt. Sehr beliebt waren die Apfelbäume, besonders bei der Jugend.

An den Slomanplatz erinnert nur noch ein kleiner Gedenkstein, der sich auf dem kleinen Schulhof der Slomanschule befindet.

Ein typischer Hinterhof in der Slomansiedlung. Die meisten Bewohner hielten sich damals Kleintiere. Ziegen, Kaninchen und Hühner gehörten genauso zur Eigenversorgung in die Siedlung wie Obst und Gemüse.

Blick von Norden über die letzten Häuser der Slomansiedlung. Links ist die Mädchenschule, rechts die alte Kirche zu sehen. In der Bildmitte befindet sich heute der Sportplatz.

Stolze Eigenheimbesitzer im Vorgarten.

Damals war es durchaus üblich, dass drei Generationen unter einem Dach lebten.

Die große Gemeinde der Binnenschiffer zog neben einigen Lebensmittelhändlern auch eine slowenische Bank zur Veddel.

Blick auf den Priel mit dem alten Lagerhaus im Hintergrund.

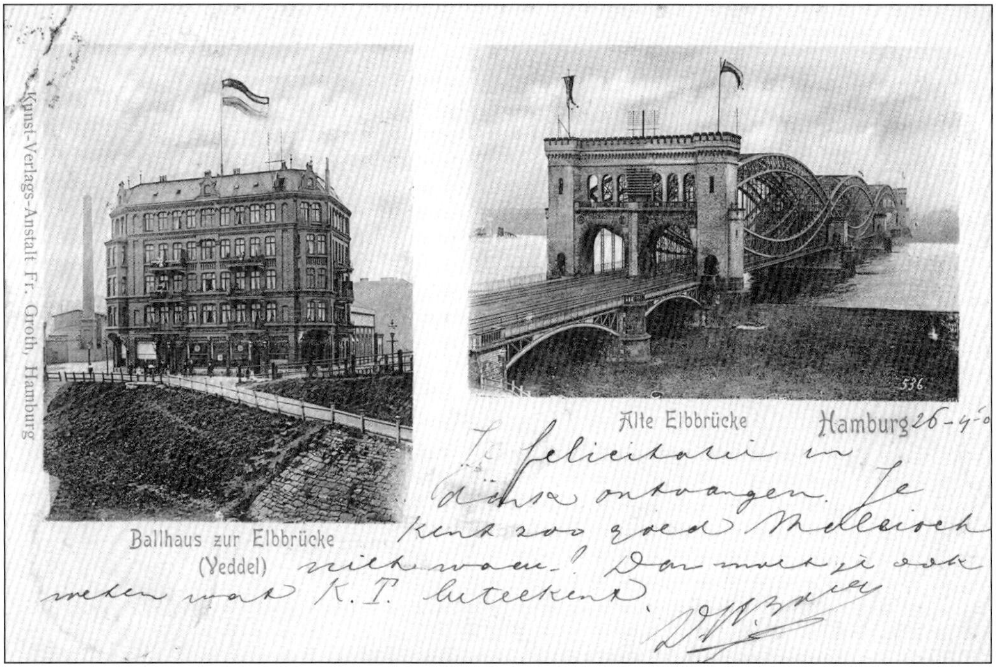

Die alte Postkarte von 1902 zeigt das Gebäude, in dem sich bis Anfang der 1920er-Jahre das Veddeler Ballhaus befand. In einem Anbau war der alte Ballsaal. Das Gebäude wurde Ende der 1960er-Jahre abgerissen. Der alte Ballsaal fand im Mai 2009 sein Ende.

Links auf dem Bild sieht man den Sieldeich, rechts verläuft die Veddeler Brückenstraße zur Elbbrücke hin.

Zentrum der alten Veddel war der Marktplatz.

Die Aufnahme entstand an der Ecke Sieldeich und Niedernfelder Straße. Viele kleine Geschäfte gehörten zum Straßenbild.

Dieses Geschäft von Nicolaus Peters befand sich in der Niedernfelder Straße.

Blick auf die Läden in der Tunnelstraße. Im Souterrain der Häuser befanden sich die Geschäftsräume von Händlern und Handwerkern und nicht, wie oft erzählt wird, der Wohnraum von Familien.

Auf der alten Veddel gab es ein halbes Dutzend Schuhmacher und Schuhläden. Einige Schuhmacher hatten die Werkstatt in ihrer Wohnung.

Viele Geschäfte, wie hier die Milchhandlung Barkmann, hatten sich auf die Versorgung von Binnenschiffern spezialisiert. In diesem Laden wurde Wittenberger Korbbrot angeboten. Der Verkauf von Produkten aus den Heimatgebieten der Schiffer war ein einträgliches Geschäft.

Blick in die Tunnelstraße. Hinten links ist die Knabenschule am Sieldeich zu erkennen.

Auf der Veddel und in einigen anderen Stadtteilen mit Hafennähe fand man Händler, deren Sortiment sich an den Auswanderern orientierte.

Bei dieser kleinen Holzbude auf dem Sieldeich handelt es sich um einen Teil der Brückenwaage. Fuhrwerke und Lastkraftwagen wurden zum Wiegen auf die markierte Fläche gefahren, die eigentliche Waage. Anfang der 1960er-Jahre wurde auch sie demontiert.

Anfang des 20. Jahrhunderts befand sich am Ende der Tunnelstraße ein Straßenbahndepot. Am linken Bildrand sieht man die Knabenschule, im Hintergrund zwischen dem Depot und den Lagerhäusern im Freihafen verläuft die Eisenbahnstrecke.

Eine Postkarte vom Veddeler Marktplatz.

Der Veddeler Marktplatz. Im Hintergrund zweigt die Peutestraße ab. Deutlich sind die Schienen der Straßenbahn zu sehen. Auf diesem kleinen Teilstück der Brückenstraße durfte nur die Straßenbahn fahren, der Autoverkehr wurde links bzw. rechts um den Marktplatz herum geführt.

Blick in die Veddeler Brückenstraße in Richtung Elbbrücke.

Das Wahrzeichen der Auswandererhallen war das 1907 erbaute Empfangsgebäude. 1938 wurde es abgerissen.

Eine Werbepostkarte der HAPAG. Schon damals verstand man es, nur die schönsten Ansichten zu verbreiten. Abbildungen der Massenschlafsäle sucht man auf diesen Werbeträgern vergeblich.

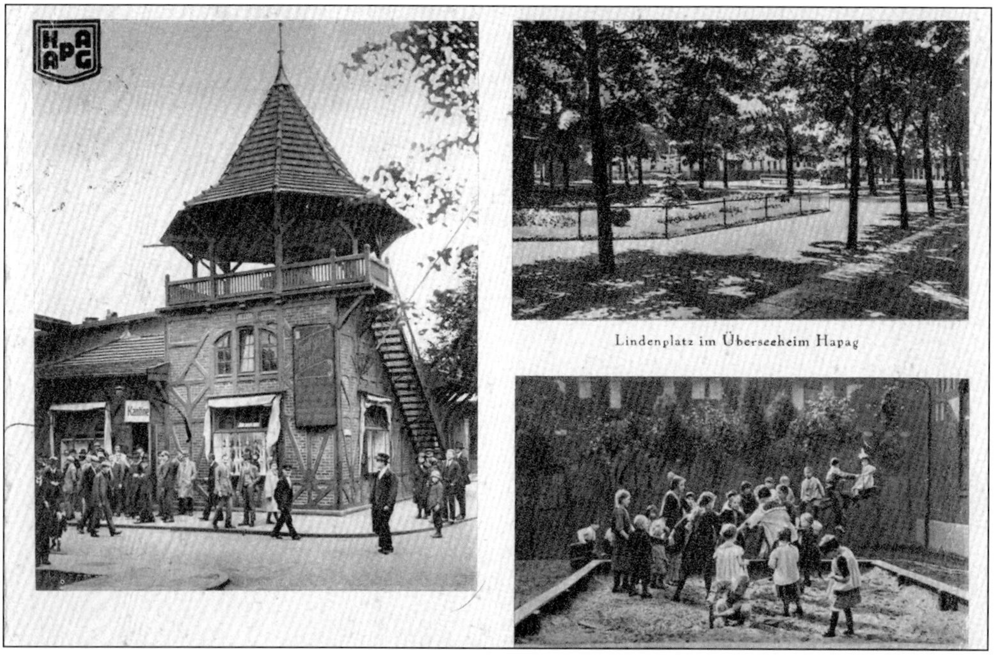

Dieser Musikpavillon stand noch 1950, danach wurde auch er ein Opfer der Abrisspolitik. Man brauchte eben dringend den Platz. Nicht gerade zeitnah, nach über 50 Jahren – im Jahr 2004 – wurde mit der Gestaltung der freien Fläche begonnen.

1914 wurden die Auswandererhallen zum Marinelazarett umfunktioniert. 1924 begann nach einigen Umbaumaßnahmen wieder die Belegung mit Auswanderern. Die Auswandererhallen nannten sich nach dieser Aufwertung Überseeheim.

Blick in eine Straße des Marinelazaretts.

Der 1907 eingeweihte Veddeler Bahnhof. Am rechten Bildrand ist die Veddeler Kirche zu erkennen.

Misthaufen, Hühner und Ziegen: Vor über hundert Jahren sah so der Platz vor dem Veddeler Bahnhof aus.

Die 1926 erbaute Polizeikaserne am Zollhafen diente bis 1945 als Unterkunft der Sicherheitspolizei. Nach dem Zweiten Weltkrieg wurden dort Wohnungen für Familien eingerichtet.

Die Aktivitäten in- und außerhalb der Kaserne zogen immer viele Schaulustige an.

Das große eiserne Tor zum Innenhof existiert noch heute. Auf dem Innenhof befanden sich Ställe, Garagen und eine Turnhalle. Die Turnhalle wird heute noch genutzt. Die anderen Räumlichkeiten dienen heute Kulturveranstaltungen.

In den Häuserblocks an der Harburger Chaussee befanden sich bis Mitte der 1960er-Jahre noch sehr viele Geschäfte – in Glanzzeiten bis zu 20 Läden. Heute gibt es hier nur noch einen kleinen Zeitungsladen.

Die Veddeler Brückenstraße, links geht der Veddeler Damm ab. Diese Schumacher-Bauten wurden zwischen 1928 und 1930 auf dem Gelände der ehemaligen Slomansiedlung erbaut.

Der Wilhelmsburger Platz mit Blick auf den Veddeler Bahnhof.

Blick vom Wilhelmsburger Platz in die Veddeler Brückenstraße. Deutlich sind die Oberleitungen der Straßenbahn zu erkennen. Beim genauen Hinsehen sind auf den vorherigen und nachfolgenden Fotos die vielen kleinen Geschäfte zu sehen, die heute leider verschwunden sind.

Der Veddeler Damm, Ecke Wilhelmsburger Straße. In dem Eckladen befindet sich heute die Gaststätte „Zollstübchen".

Die Wilhelmsburger Straße. Im Vordergrund erkennt man den kleinen Schulhof der Slomansiedlung mit dem Gedenkstein. Der Stein erinnert an die Slomansiedlung, auf dessen Grund diese Schumacher-Bauten errichtet wurden.

Die Wilhelmsburger Straße in den 1930er-Jahren.

Der große Autohof „Fetopa“ Ende der 1930er-Jahre. Auch diese Anlage wurde vor einigen Jahren abgerissen. Das große Grundstück neben der Feuerwache am Zollhafen wurde mit mehrstöckigen Wohnhäusern bebaut.

Nachdem Ende der 1920er-Jahre die Slomansiedlung den Schumacher-Bauten weichen musste, ging es Ende der 1930er-Jahre einigen Bauten im Umfeld der Tunnelstraße an den Kragen.

Abriss im Gebiet der nördlichen Brückenstraße.

Was die Politiker und Grundstücksspekulanten nicht schafften, wurde durch die Bomben im Zweiten Weltkrieg vollbracht.

Blick in die zerstörte Veddeler Brückenstraße.

Mitte der 1950er-Jahre suchte man weiter emsig nach Bauwerken, die man abreißen konnte. Die Wahl fiel auf die Norderelbbrücke. Seit Jahrzehnten stellen sich die Menschen immer wieder die Frage, warum die alten Portale nicht stehen gelassen wurden und die neue Brücke daneben gebaut wurde?

Der Abriss der Portale lief bei rollendem Verkehr. Eine Sperrung der Fahrbahn hielt man wohl nicht für notwendig.

Die Einweihung der neuen Brücke wurde ordentlich gefeiert. Die Portale der alten Brücke standen zu diesem Zeitpunkt teilweise noch.

Diese alte Kriegsruine wurde erst in den 1970er-Jahren entfernt. Es war der klägliche Überrest eines ehemals großen Wohn- und Geschäftshauses in der Veddeler Brückenstraße.

Dieses Gebäude war der ehemalige Ballsaal am Sieldeich/Bahndamm. Nach seiner Schließung am Anfang der 1920er-Jahre wurde er als Fernmeldeeinrichtung der Post genutzt. Danach diente er bis zu seinem Abriss im Mai 2009 verschiedenen Firmen als Lagerraum.

2

ALTE GASTSTÄTTEN

Eine von über 40 Gaststätten auf der Veddel. Hier sitzt eine Gruppe von „Wittkitteln“ vor dem Lokal von Albers. Als Wittkittel bezeichnete man in Hamburg die Feuerwehrleute. Die große Gemeinde der Binnenschiffer, die Sportvereine sowie die Seeleute und Hafenarbeiter sorgten dafür, dass die vielen Lokale, Kabaretts und Tanzdielen gut leben konnten. Die Veddel trug damals den Beinamen „Klein St. Pauli“.

Der „Tangermünder Hof" in der Tunnelstraße war ein beliebter Treffpunkt der Binnenschiffer. Vor dem Wirt Karl Schulze steht der kleine Gehrd Fahl. Gehrd wurde 1928 geboren und wohnte mit seiner Familie über dem Lokal.

Außenansicht vom „Peuter Fährhaus". Inhaber war Jürgen Sievers. Ende der 1930er-Jahre übernahm die Familie Malchau das Geschäft und betrieb nebenbei noch einen Handel mit Kolonialwaren. 1943 wurde das Fährhaus ein Opfer der Bomben und nicht wieder aufgebaut.

Die Gaststätte „Zum Anker“ in der Tunnelstraße. Es war damals bei Schiffern und Schichtarbeitern aus dem Hafen üblich, schon vormittags solche Frühstückslokale aufzusuchen.

Die Gaststätte von Johannes Dreves in der Tunnelstraße. Ecklokale waren in der damaligen Zeit in allen Städten zu finden.

Die Gaststätte und Destille von Ernst Westphal. Hier wurde Holsten-Bier ausgeschenkt. Die Vielfalt des Bierangebotes auf der Veddel war rekordverdächtig. Das Bier von mindestens zehn Hamburger sowie natürlich auch von auswärtigen Brauereien wurde hier verkauft.

Der „Tangermünder Hof" mit Wandsbeker Germania-Bier.

Eine unbekannte Wirtsfamilie auf einem Foto, das ich vor einigen Jahren von einem alten Veddeler erhielt. Die Informationen hierzu sind leider abhanden gekommen.

Zwei Binnenschiffer mit Bordhund vor dem Vereinslokal des Veddeler Turnvereins.

Der „Veddeler Hof“ von Catharina Westphal. Später war hier Ohlmeier der Besitzer.

Heinrich Ohlmeier führte nach dem Zweiten Weltkrieg die Gaststätte am Immanuelplatz. Die Aufnahme entstand zwischen 1952 und 1953. Im Hintergrund ist das neue Pastorat zu erkennen. Der Kirchturm ist immer noch eine Ruine.

3

KIRCHLICHES LEBEN AUF DER VEDDEL

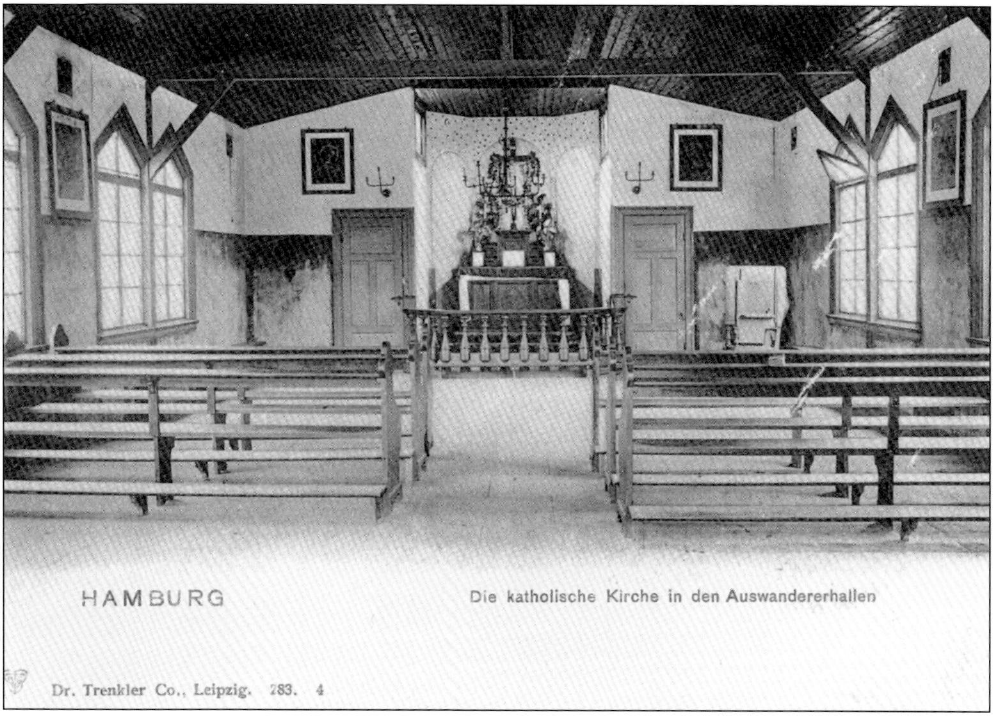

Die Postkarte von 1893 zeigt den Innenraum der Auswandererkirche am Amerikakai.

Auswanderer beim Gottesdienst am Amerikakai.

Die 1901 erbaute Auswandererkirche auf der Veddel war ein Kirchturm mit zwei Kirchenschiffen. Die evangelische Kirche wurde von Nord nach Süd ausgerichtet, die katholische Kirche von Ost nach West. 1963 wurde die Kirche abgerissen.

Die am 26. März 1905 eingeweihte Immanuelkirche.

Der Innenraum der Immanuelkirche.

Vom 15. auf den 16. Oktober 1944 wurde die Kirche ein Opfer der Bomben.

Das zerstörte Pastorat.

Pastor Reinke wurde in dem Pastorat verschüttet und schwer verletzt geborgen.

Das Richtfest des Kirchenschiffes. Das Pastorat und der Turm sind bereits fertiggestellt.

Gäste der Richtfeier.

Der Künstler kurz vor der Vollendung seines Werkes.

Das Werk ist fertig und die Kirche bereits eingeweiht.

Kirchenweihe 1954.

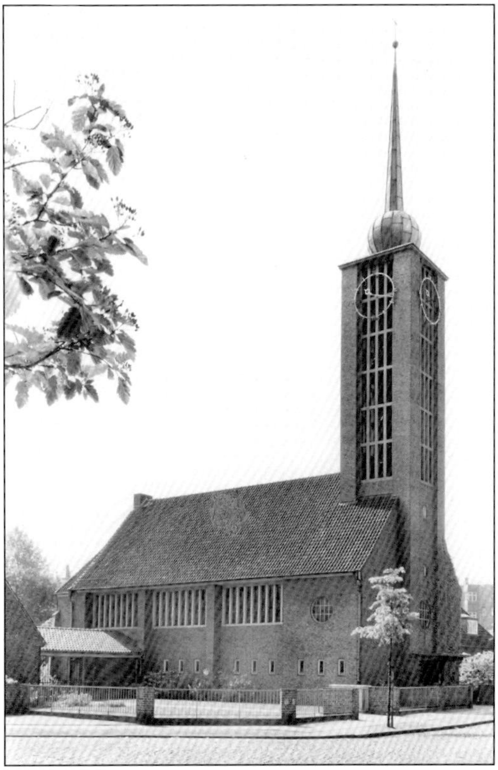

Auf dem Foto von 1959 erkennt man am linken Bildrand den 1958 in Betrieb genommenen Kindergarten.

Der Frauenkreis mit der Gemeindeschwester und dem Organisten Herrn Drenkhahn, einer beliebten Veddeler Persönlichkeit.

Pastor Spier mit Konfirmanden des Jahres 1964.

Pastor Spier ist hier motorisiert unterwegs, aber ohne den heutzutage erforderlichen Helm.

Die Flussschifferkirche im Veddeler Marktkanal wurde am 7. Dezember 1952 eingeweiht.

Der Innenraum der Flussschifferkirche. Heute liegt das Schiff eingangs der Hamburger Hafencity, Nähe Kajen/Hohe Brücke.

Das Richtfest des kirchlichen Altenheims fand am 2. Dezember 1957 statt.

Das Altenheim erhielt den Namen Ernst-Reinke-Haus.

Der Richtspruch in luftiger Höhe.

Gemeindemitglieder beim Richtfest.

Suppe und Flaschenbier für die Handwerker.

Pastor Reinke hält die Eröffnungsrede auf den Stufen des neuen Altenheimes.

Zufriedene Gesichter beim Personal.

Das fertige Ernst-Reinke-Haus. Im Vordergrund verläuft der Meckelburgsweg.

Der idyllische Innenhof war für die Bewohner eine Oase der Ruhe. Das Altenheim wurde vor einigen Jahren geschlossen und das Gebäude nach einigen Umbauten anderweitig genutzt.

Traumhafter Blick aus einem der Zimmer in Richtung Hafencity.

1957 wurde neben der Immanuelkirche der evangelische Kindergarten gebaut.

Die Eröffnung des Kindergartens erfolgte 1958. Ich gehörte zu den ersten Kindern, die dort aufgenommen wurden.

Mit dem kleinen Jungen im Vordergrund, Dieter G., habe ich noch heute einen guten Kontakt.

Bei gutem Wetter wurden die Kinder auch im Freien bewirtet.

Auf der Freifläche zwischen Kirche und Kindergarten wurde ein kleiner Spielplatz eingerichtet.

Blick in einen der Gruppenräume.

4

VEDDELER SCHULEN

Die 1872 erbaute Mädchen- und Knabenschule am Sieldeich auf einer Postkarte aus dem Jahr 1900.

Nachdem 1932 die Slomanschule eingeweiht worden war, stand das Schulgebäude der Mädchen- und Knabenschule für andere Zwecke zur Verfügung. 1933 wurde sie in Hermann-Göring-Heim umgetauft. Verschiedene Jugendbewegungen des „Dritten Reiches" fanden hier eine Unterkunft. Anfang der 1950er-Jahre wurde das Gebäude für die Erweiterung der Zollabfertigung abgerissen.

Diese Schulklasse vom Sieldeich ließ sich im März 1924 mit ihrem Lehrer Otto Tafelski ablichten. Otto Tafelski war nicht nur Lehrer, sondern auch ein bedeutender Heimatforscher, der sich mit der Geschichte der Elbinseln beschäftigte.

Blick aus dem Schulgebäude auf den Schulhof mit dem dahinter verlaufenden Sieldeich.

1898 wurden die Mädchen aus der Schule am Sieldeich in die neu erbaute Mädchenschule in der Slomanstraße umgeschult. Die Schule wurde im Zweiten Weltkrieg zerstört und nicht wieder aufgebaut.

Blick vom damaligen Sieldeich und der heutigen Brückenstraße auf die Mädchenschule. In dem Laden am linken Bildrand befand sich in den 1930er-Jahren eine Einrichtung der Gewerkschaft. Nachdem dort verschiedene Gaststätten ihre Dienste anboten, ist dort heute eine islamische Gemeinde untergebracht.

1932 wurde die neue Mädchen- und Jungenschule am Slomanstieg eingeweiht.

Diese Aufnahme von einer Klasse der Mädchenschule entstand meiner Vermutung nach zum Ende der 1940er-Jahre.

Kochunterricht Ende der 1920er-Jahre in der Mädchenschule. Hier wurden die Mädchen im praktischen Unterricht auf das weitere Leben vorbereitet. Man beachte bitte die „Puppenmutter“ auf der linken Seite.

Umzug von der Knabenschule am Sieldeich in die neue Schule Slomanstieg.

Das Lehrerkollegium der Schule Slomanstieg. Diese Aufnahme wurde Ende der 1950er-Jahre gemacht.

Eine Jungenklasse vom Slomanstieg, um 1940. In der zweiten Reihe von oben, als Zweiter von links, ist Egon Trede zu sehen, von dem einige Fotos aus diesem Buch stammen.

Auf diesem Foto aus dem Jahr 1950 hängen an den Kleiderhaken die Essentöpfe der Schulspeisung.

Eine Mädchenklasse von der Schule Slomanstieg in den 1940er-Jahren. 40 Schülerinnen in einer Klasse waren damals keine Seltenheit.

Die Aula der Schule Slomanstieg. Bis Anfang der 1960er-Jahre war hier auch noch das Kino Lichtburg Veddel ansässig.

Auch auf diesem Foto ist deutlich die Klassenstärke von über 40 Schülerinnen mit einer Lehrkraft zu erkennen.

Eine Abschlussklasse der Slomanschule 1954.

Die Drillinge der Familie Sommerfeld im Gymnastiksaal der Schule.

Diese Klasse der Slomanschule reiste Ende April 1943 im Rahmen der Kinderlandverschickung nach Ungarn. In Passau, auf den Stufen der Nibelungenhalle, entstand diese Aufnahme. In der ersten Reihe, als Zweiter von links, sitzt Gehrd Fahl, in der gleichen Reihe ganz rechts Helmuth Sievers, ebenfalls ein Mitglied vom Veddeler Erzählcafé.

5

ALLTAG AUF DER VEDDEL

Dutzende von kleinen Fachgeschäften standen für den täglichen Einkauf zur Verfügung – wie hier die Bäckerei Weise. Heute gibt es nur noch einen Supermarkt und einen kleinen türkischen Gemüseladen auf der Veddel.

Der Kolonialwarenladen von Zingelmann am Sieldeich. Von links sind Hildegard Thal, Helga Albers und Frau Frank zu sehen.

Der Veddeler Wochenmarkt war am Dienstag und Freitag das Einkaufsziel der Hausfrauen.

Haushaltswaren wurden in dem gut sortierten Geschäft von Willi Peters gekauft. Es befand sich in der Veddeler Brückenstraße.

Der Tabakwarenladen von Rehders war eines der vielen Geschäfte in der Harburger Chaussee.

Gruppenfoto aus dem Jahre 1927.

Anfang der 1950er-Jahre wurden in vielen Hinterhöfen Kinderfeste veranstaltet.

Umzüge von Schulkindern waren Ende der 1940er-Jahre sehr beliebt. Hier wird das Thema Reineke Fuchs dargestellt. Im Hintergrund ist ein zerstörtes Wohn- und Geschäftshaus am Sieldeich zu sehen.

Auch auf diesem Foto sind noch die Trümmer von zerbombten Wohnhäusern zu sehen.

Hier wird das Märchen von Schneewittchen und den sieben Zwergen aufgeführt.

Diese Schülergruppe marschiert vom Veddeler Bogen in Richtung Wilhelmsburger Platz. Im Hintergrund steht noch der Musikpavillon der Auswandererhallen.

Unter großer Teilnahme der gesamten Nachbarschaft wurden diese Hoffeste durchgeführt.

Für die Umzüge wurde auch die Veddeler Brückenstraße in Beschlag genommen. Einige Jahre später waren solche Umzüge nicht mehr möglich, da der starke Verkehr in der Brückenstraße dies nicht mehr zuließ.

Einfallsreichtum und Improvisationstalent machten solche Kinderfeste zum Erfolg.

Für die Kinder fanden öfters Vorstellungen von professionellen Puppenspielern statt, wie hier im Kindergarten Uffelnsweg.

Auch einige Gaststätten stellten ihre Säle für die Unterhaltung der Kinder zur Verfügung. Hier ist es der Saal der „Gaststätte Kilb“, 1959.

Nicht nur die Mütter, auch die Großmütter begleiteten die Kinder bei den einzelnen Spielen.

Schulfest auf dem Hof der Slomanschule.

Bunte Fahnen gehörten in den 1930er-Jahren ebenso zur Dekoration wie die Parteifahne im Hintergrund.

Diese beiden fühlen sich sichtlich wohl auf dem Fest. Das kleine Mädchen ist noch heute ein gern gesehener Gast im Veddeler Erzählcafé.

Der kleine Gehrd Fahl mit dem Nachbarn „Opa Guhl" auf einem Gelände in der Brückenstraße.

Die Zweite von rechts ist die kleine Ingrid Anders. Die Kinder spielen zwischen dem Wohnblock der Veddeler Brückenstraße und der Polizeikaserne am Zollhafen, 1940.

Die zwölfjährige Ingrid Anders, diesmal hinter dem Häuserblock an der Harburger Chaussee. Solche friedlichen Spiele zwischen Kindern verschiedener Jahrgänge sind heute eher die Ausnahme.

Gehrd Fahl mit „Opa Guhl“ beim Füttern von Hühnern. Kleintierhaltung war auf vielen Hinterhöfen üblich.

Spielende Kinder am Deich des Müggenburger Zollhafens. Der Deich wurde inzwischen in eine betonierte Hochwasserschutzanlage umgewandelt.

Gehrd Fahl wurde 1935 eingeschult.

Der größte, noch heute existierende Spielplatz der Veddel befindet sich gegenüber von der Immanuelkirche.

Gehrd Fahl zwischen zwei Spielgefährten. Die Bekleidung der Kinder lässt auf einen besonderen Anlass schließen.

Auch die evangelische Kirchengemeinde veranstaltete in regelmäßigen Abständen Kinderfeste.

Gehrd Fahl als stolzer Radfahrer auf dem Neuhäuser Damm. Fahrräder waren damals für Kinder schon etwas Besonderes.

Musizierende Mädchen hinter der Polizeikaserne. In der Mitte sitzt Ingrid Anders.

Ein Kinderwagenmodel im Jahr 1931/1932 mit Ingrid Anders.

Ein Kinderwagen (Kinderkarre) 1941 mit den Drillingen Sommerfeld von der Harburger Chaussee.

Ein Kinderwagen 1950. Insasse war Dieter Thal. Er befand sich mit seiner Mutter an der Norderelbbrücke.

Ein Kinderwagen 1955 vor der Immanuelkirche.

Winterlandschaft an der Elbe. Durch die Elbe mit ihren Kanälen und dem Hafen waren die Veddeler eng mit dem Wasser verbunden. Die Elbe brachte nicht nur Arbeit, sie bot uns auch Sportmöglichkeiten und Badefreuden. Nicht zu vergessen das natürlich aufbereitete und gefilterte Trinkwasser.

Schiffe und Werften gehörten zum alltäglichen Leben auf der Veddel genauso wie die Zollbeamten mit ihren Booten. Hier sehen wir das Zollboot „Ellerholz".

Kleine Werften, wie diese von Theodor Hitzler, boten vielen Menschen einen festen Arbeitsplatz.

Badevergnügen 1953 vor dem Ruder-Club Pirat. Im Hintergrund ist das Zollgebäude in der Zweibrückenstraße zu sehen.

Der kleine Gehrd Fahl beim Baden in der Elbe. Ganze Generationen haben hier gebadet. Eine alte Veddeler Weisheit: Die Elbe ist ein Jungbrunnen, wer daraus trinkt, der wird nicht alt.

Dieter Thal beim Baden am Strand von Koops Wiese. Im Hintergrund erkennt man die Schiffswerft Kaiser, Sunkel & Zehbe.

Frau Flint mit ihren Zwillingen vor einer Schiffswerft.

Das Zollboot „Veddel“ mit Besatzung vor der Eisenbahnbrücke.

Die Kähne der Binnenschiffer weckten immer wieder die Neugier der Kinder, die Umgebung an den Kanälen war ein oft aufgesuchter Spielplatz. Die Angst vor der Gefahr der Gewässer war nicht sehr groß.

Blick auf die Hitzler-Werft. Ein Raddampfer hat im Veddeler Marktkanal längsseits festgemacht. Das Verwaltungsgebäude am rechten Bildrand wurde 1943 zerstört.

Die Zwillinge der Familie Flint am Elbstrand.

Das Hauptverkehrsmittel auf der Veddel war die Straßenbahn. Hier fährt die Linie 14 über den Wilhelmsburger Platz.

Die Haltestelle Veddeler Marktplatz. Im rechten Fußgängertunnel befanden sich drei kleine Geschäfte.

Pferdefuhrwerke und die Straßenbahn beherrschten das Straßenbild der Brückenstraße in den 1930er-Jahren.

Der alte Bahnsteig. Der Häuserblock im Hintergrund steht am Wilhelmsburger Platz.

So sah der Aufgang zum Bahnsteig aus.

Der Wendepunkt der Straßenbahn am Wilhelmsburger Platz.

Der Wendepunkt mit dem neu errichteten Imbissgebäude.

Erhöhtes Verkehrsaufkommen vor den Elbbrücken. Deutlich ist die in den Tunnel fahrende Straßenbahn zu sehen. Die nächste Haltestelle war Hovestraße.

Ein Polizeibeamter vor der Norderelbbrücke. Fußstreifen der Polizei sind heute nur noch sehr selten anzutreffen.

Sie sorgten auf der Veddel für Schutz und Sicherheit: der Polizeibeamte A. Zewuhn und sein Diensthund Blitz, hier vor der Wache am Zollhafen.

Auch diese Herren vom Hamburger Zoll sorgten für Schutz, Ordnung und Sicherheit.

Die Zollabfertigung Tunnelstraße in den 1950er-Jahren.

Bauarbeiten am Müggenburger Zollhafen.

Mitglieder vom Veddeler Reichsbund tagen in der „Gaststätte Ohlmeier".

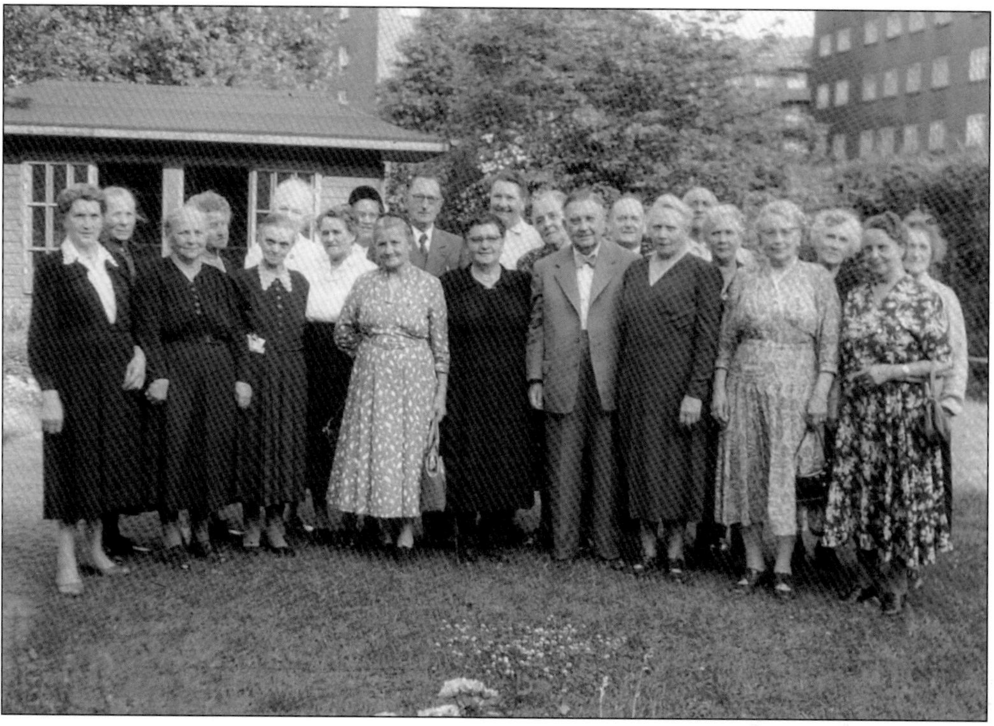

Gemeindemitglieder im Garten der Immanuelkirche.

In einer Gartenlaube hinter dem Häuserblock an der Harburger Chaussee genießen diese älteren Herren ihren Feierabend.

Nach vollbrachter Gemeinschaftsarbeit im Ruder-Club Pirat gönnte man sich eine kleine Erfrischung.

Sportler vom TSV Veddel bei einer kleinen Feier in der Gaststätte von Ohlmeier.

Auch diese fröhliche Feier – diesmal von meiner Familie – fand bei Ohlmeier statt, wie man unschwer an den Vorhängen erkennen kann.

Tanzveranstaltungen fanden auf der Veddel an fast jedem Wochenende statt. Diese Tänzer vergnügen sich in einer Halle der Auswandererhallen.

Weihnachtsfeier am 22. Dezember 1957 im Gemeindesaal der Immanuelkirche.

Im Gegensatz zu heute verfügte die christliche Gemeinde der Immanuelkirche damals über viele Mitglieder.

Ingrid Anders und Gehrd Fahl, die wir schon auf einigen Fotos gesehen haben, gaben sich am 2. September 1950 in der Kirche der Auswandererhallen das Ja-Wort.

Am 2. September 2010 feierten Ingrid und Gehrd Fahl ihre diamantene Hochzeit im Kreise der Familie und vieler Freunde. Hier stehen die beiden, einer Einladung der Ballinstadt folgend, vor einer Historischen Bildwand in der Ausstellung. Auf dieser Bildwand ist auch das Hochzeitsfoto mit der Auswandererkirche zu sehen.

Eine Postkarte vom 3. Veddeler Turnfest am 21. und 22. August 1898.

Die Knabenabteilung des Veddeler Turnvereins „Gut Heil“. Diese Aufnahme wurde um 1900 erstellt.

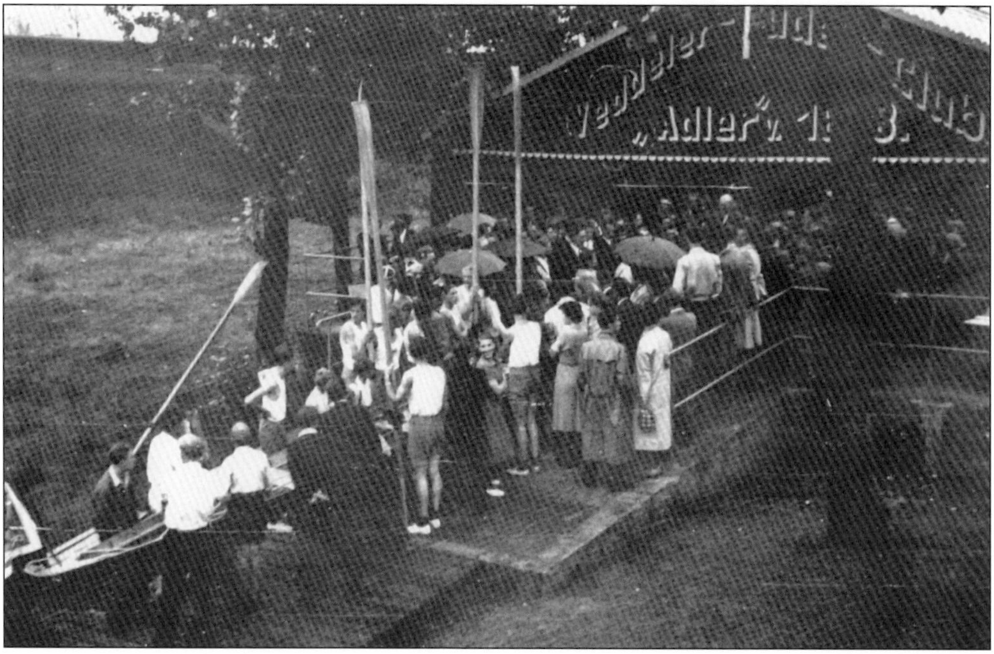

Bootstaufe im Ruder-Club Adler.

Blick vom Bahndamm auf die Norderelbbrücke. Im Vordergrund befindet sich der Badestrand Koops Wiese. Im Wasser liegt ein Boot vom Ruder-Club Pirat.

Aktivitäten vor dem Ruder-Club Pirat.

Mitglieder vom Ruder-Club Adler vor dem Bootshaus. Die Schiffermütze mit dem Klubabzeichen gehörte selbstverständlich dazu.

Das siegreiche Boot der Piraten von der Alsterregatta 1952/1953 mit dem Steuermann Erwin Staak. Zwei Söhne von Erwin Staak sitzen ebenfalls mit im Boot.

So sehen Gewinner aus.

Gemütliche Runde im Bootshaus von Adler, 1957.

Auch im Ruder-Club Adler wurden so manche Pokale gewonnen. Hier ist Willi Thal mit seiner Mannschaft zu sehen.

Das Bootshaus von Pirat im Winter.

Ein Damen-Vierer von Adler mit Steuerfrau vor der Müggenburger Schleuse.

In den Sportvereinen wurde immer sehr viel gefeiert. Im Ruder-Club Adler wurde jedes Jahr auch Maskerade gefeiert, wie hier zu sehen ist. Von links sieht man Ernst Scharf, Anita Scharf, Willi Kleinke und Rosa Kleinke.

Im Bootshaus Adler sind Willi Thal mit Ehefrau und dem jungen Gerd G. zu sehen.

Der TSV Veddel auf einem Foto von etwa 1950.

Die Jugendmannschaft TSV Veddel.

Der Veddeler Turnverein von 1888 feierte am 22. Februar 1913 sein 25-jähriges Stiftungsfest. Wie man unschwer erkennen kann, liebten die Veddeler schon in dieser Zeit das Verkleiden.

6

DIE FLUTKATASTROPHE 1962

Blick auf die Behelfsbauten in der Tunnelstraße. Von diesen Bauten steht nur noch die Fischgaststätte von Matthes. Auch die Wohnhäuser im Hintergrund wurden inzwischen abgerissen.

Vor dem Rundbunker steht noch das alte Lagerhaus.

Die linke Seite an der Ecke Wilhelmsburger Straße und Sieldeich. Das Schlauchboot hat vor dem erhöht liegenden Milchladen von Stange festgemacht.

Die rechte Seite an der Wilhelmsburger Straße, Ecke Sieldeich.

Auch das Radiogeschäft von Arthur Dietrich wurde in Mitleidenschaft gezogen.

Dieses Foto wurde aus dem Wohnhaus über Radio Dietrich gemacht. Die Bäckerei Fritze und das Schuhgeschäft Lange standen ebenfalls unter Wasser.

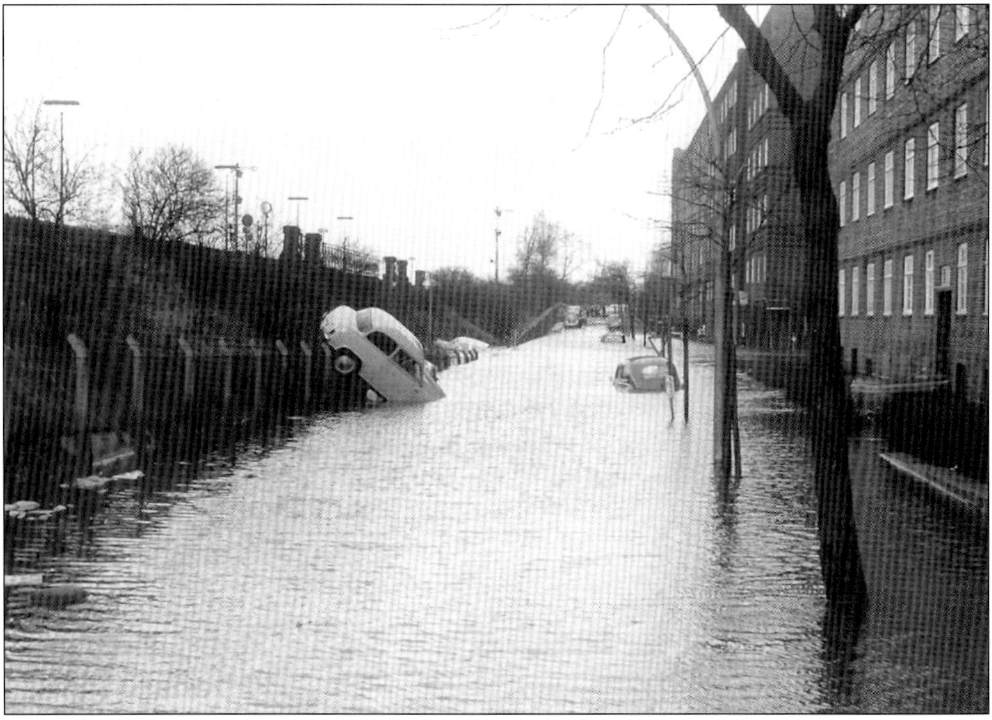

Am Gleise.

Der Veddeler Damm, rechts geht es in die Wilhelmsburger Straße.

Der Veddeler Damm.

Der Bahnhof Veddel.

Eine entgleiste Lok auf der Brücke an der Harburger Chaussee.

Die Harburger Chaussee.

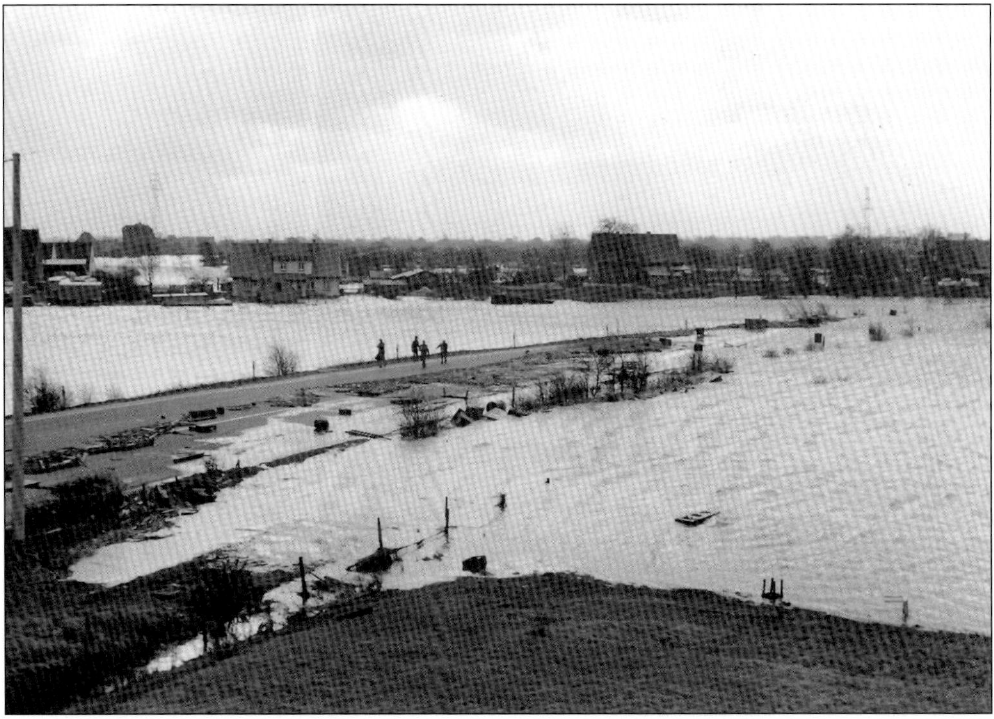

Die Wilhelmsburger Reichsstraße.

Behelfsheime, vom Bahndamm der Peutebahn in Richtung Georgswerder aufgenommen.

Die Harburger Chaussee.

Eine Gartenkolonie hinter dem Häuserblock an der Harburger Chaussee.

Soldaten der Bundeswehr vor der Auswandererkirche.